Los Cinco de Cambridge

Una guía fascinante sobre los espías rusos en Gran Bretaña que pasaron información a la Unión Soviética durante la Segunda Guerra Mundial

© Copyright 2021

Todos los derechos reservados. Ninguna parte de este libro puede ser reproducida de ninguna forma sin el permiso escrito del autor. Los revisores pueden citar breves pasajes en las reseñas.

Descargo de responsabilidad: Ninguna parte de esta publicación puede ser reproducida o transmitida de ninguna forma o por ningún medio, mecánico o electrónico, incluyendo fotocopias o grabaciones, o por ningún sistema de almacenamiento y recuperación de información, o transmitida por correo electrónico sin permiso escrito del editor.

Si bien se ha hecho todo lo posible por verificar la información proporcionada en esta publicación, ni el autor ni el editor asumen responsabilidad alguna por los errores, omisiones o interpretaciones contrarias al tema aquí tratado.

Este libro es solo para fines de entretenimiento. Las opiniones expresadas son únicamente las del autor y no deben tomarse como instrucciones u órdenes de expertos. El lector es responsable de sus propias acciones.

La adhesión a todas las leyes y regulaciones aplicables, incluyendo las leyes internacionales, federales, estatales y locales que rigen la concesión de licencias profesionales, las prácticas comerciales, la publicidad y todos los demás aspectos de la realización de negocios en los EE. UU., Canadá, Reino Unido o cualquier otra jurisdicción es responsabilidad exclusiva del comprador o del lector.

Ni el autor ni el editor asumen responsabilidad alguna en nombre del comprador o lector de estos materiales. Cualquier desaire percibido de cualquier individuo u organización es puramente involuntario.

Índice

INTRODUCCIÓN 1
CAPÍTULO 1 - LA INNEGABLE ATRACCIÓN DEL MARXISMO 2
CAPÍTULO 2 - ESTUDIANTES DE PRESTIGIO...6
CAPÍTULO 3 - ANTHONY BLUNT: MAESTRO, AMANTE, RECLUTADOR 11
CAPÍTULO 4 - BURGESS: UN TOPO DENTRO DE LA BBC 14
CAPÍTULO 5 - MACLEAN Y LA GUERRA CIVIL ESPAÑOLA....................18
CAPÍTULO 6 - LA SEGUNDA GUERRA MUNDIAL: ESPIONAJE ENTRE LOS ALIADOS...22
CAPÍTULO 7 - ENIGMA, BOMBA Y COLOSO...27
CAPÍTULO 8 - ESPIONAJE Y LA BATALLA DE KURSK 32
CAPÍTULO 9 - PROYECTO VENONA 36
CAPÍTULO 10 - INSURGENTES ALIADOS EN ALBANIA 40
CAPÍTULO 11 - LA CAÍDA DE LOS CINCO DE CAMBRIDGE 43
CAPÍTULO 12 - UNA ADICIÓN SORPRESA..47
VEA MÁS LIBROS ESCRITOS POR CAPTIVATING HISTORY 51
BIBLIOGRAFÍA..52

Introducción

Durante los años de pobreza de la Gran Depresión, cuando los mercados financieros británicos se desplomaron y tanto los pobres como los ricos dudaron de los sistemas económicos en los que participaban, el potencial de un ideal político brilló como ningún otro: el comunismo. Los jóvenes intelectuales de las mejores escuelas del país discutieron la premisa del valor del trabajo frente al valor de la riqueza, y muchos de ellos se convirtieron en miembros del Partido Comunista en Gran Bretaña.

Era exactamente el tipo de terreno de caza que la Unión Soviética necesitaba para reclutar agentes de alto nivel para su causa. A principios de los años 30, cinco estudiantes de la Universidad de Cambridge fueron seleccionados por agentes soviéticos e instruidos para usar su estatus de miembros educados de la élite británica para servir a la URSS.

Anthony Blunt, Guy Burgess, Donald Maclean, Kim Philby y John Cairncross aceptaron la oferta y al hacerlo cambiaron el curso de la Segunda Guerra Mundial y la Guerra Fría. Sus acciones no fueron descubiertas hasta la década de 1950, mucho después de que la guerra terminara y el daño—o los logros, dependiendo de qué lado se estuviera— ya se hubieran completado.

Capítulo 1 – La innegable atracción del marxismo

Imagina un mundo en el que un niño no nace en la pobreza mientras su vecino nace en un palacio de excesos. Un mundo donde los trabajadores son más valorados que los reyes y emperadores—de hecho, donde los reyes y emperadores ya no existen en absoluto. Este mundo imaginario está poblado por personas productivas que disfrutan de un salario digno, horas de trabajo razonables en instalaciones seguras, atención médica y servicios estatales gratuitos, además de educación gratuita para ellos y sus familias. Aunque los servicios y los negocios prosperan, son organizaciones sin fines de lucro cuyas ganancias se comparten por igual con los empleados. El potencial de tal mundo ha existido en la mente del verdadero marxista, comunista y socialista durante dos siglos.

El mundo en el que la Segunda Guerra Mundial y la Guerra Fría tuvieron lugar parecía ofrecer un refugio en la forma de la Unión Soviética, y fue en apoyo de estos ideales comunistas básicos que Joseph Stalin, líder de esa unión de naciones socialistas, reclutó a muchos espías internacionales. Por supuesto, para cuando Stalin tomó el poder, el sueño del marxismo ya había sido terriblemente deformado.

Nombrado por uno de sus más famosos filósofos, el marxismo es el sistema económico y político descrito por Karl Marx y Fredrich Engels en su innovador libro de 1848, *El Manifiesto Comunista*. En las páginas de lo que ahora se anuncia como uno de los documentos políticos más influyentes del mundo, los autores afirman que el miembro de todas las sociedades que debe ser más valorado es el proletariado—el trabajador. El comunismo, por lo tanto, según Marx y Engels, pondría fin a las divisiones de clase que separaban a los valiosos trabajadores del mundo, de los individuos supuestamente de alta alcurnia o ricos, terminando el juego del capitalismo por el bien de todas las personas. Aunque la premisa del *Manifiesto Comunista* está muy alineada con varios tipos de socialismo de la época, había una diferencia muy importante: Mientras que los grupos socialistas llamaban a la reforma, los comunistas llamaban a la revolución. Las palabras finales del manifiesto son infames: "¡Trabajadores de todos los países, únanse!".

El mismo año en que se publicó el libro, una serie de revoluciones barrió Europa en la que la gente común—incluyendo siervos, trabajadores y reformadores ideológicos— exigió el fin de las malas condiciones de vida a manos de varias monarquías. Estas coaliciones revolucionarias lograron acabar con la servidumbre tanto en Austria como en Hungría, acabar con la monarquía absoluta en Dinamarca y establecer la democracia en los Países Bajos.

El brillo del marxismo fue tan poderoso para las clases trabajadoras de Rusia que se montó una revolución a gran escala en 1917. Dirigida por Vladimir Lenin, el Ejército Rojo arrestó violentamente y más tarde ejecutó a todos los miembros de la familia real Romanov, incluido el zar Nicolás II. Tropas y plebeyos irrumpieron en el enorme y opulento Palacio de Invierno de San Petersburgo, destrozando y destripando furiosamente el lujoso interior y reclamándolo como dominio público. La Revolución rusa libró a la nación de su sistema monárquico de siglos de duración e instaló a Lenin como el líder de facto de toda Rusia. Lenin, aunque técnicamente presidente de su país, fue llamado más a menudo Camarada Lenin en honor a las creencias del grupo sobre la igualdad de todas las personas—de hecho, el lema original del Partido Comunista fue inevitablemente cambiado a: "¡Trabajadores del mundo, únanse!" para incluir a ambos sexos. Todos los comunistas bajo el liderazgo de Vladimir Lenin se referían entre ellos como "camarada".

La Revolución rusa fue un asunto complicado, empañado por la sangre de los Romanov y eventualmente las bajas de los bolcheviques y mencheviques (literalmente las facciones "mayoritarias" y "minoritarias" del Partido Social Demócrata) durante una guerra civil que estalló casi simultáneamente con la Primera Guerra Mundial. Los combates continuaron entre los diversos grupos socialistas de Rusia hasta que suficientes de ellos decidieron cruzar y unirse al Ejército Rojo Bolchevique. En 1922, Rusia se transformó a sí misma y a gran parte de Europa y Asia en la República Socialista Soviética Unida—la U.R.S.S. Fue la primera nación moderna de su tipo, en la que se dijo que los principios de igualdad, trabajo valorado y reparto de recursos se utilizaron en lugar del capitalismo de mercado, el trabajo con salarios bajos y el autoritarismo basado en la riqueza.

El liderazgo de Lenin en Rusia y luego en la URSS es considerado el gobierno comunista más ideológicamente sólido que la nación haya tenido. Cuando murió en 1924, Joseph Stalin asumió el liderazgo del Partido Comunista y del conglomerado de naciones socialistas bajo el título de Secretario General. Aunque al principio Lenin había puesto toda su fe en su camarada, se enteró poco antes de su muerte de las violentas atrocidades que Stalin había cometido en nombre del partido. Mientras Lenin, tras sufrir un derrame cerebral en 1922, convaleció alejado del gobierno, Stalin estaba imponiendo un régimen brutal en Georgia. El testamento final de Lenin cuestionaba la capacidad de Stalin o Trotsky—otro ideólogo político de alto nivel—para manejar las presiones de los altos cargos. No obstante, Stalin dirigiría la URSS desde la muerte de Lenin en 1924 hasta su propia muerte en 1953, distorsionando los ideales originales del comunismo para explotar su cargo y beneficiarse a sí mismo.

A pesar de que Rusia y sus naciones satélites habían sido víctimas de otra oligarquía, falsamente en nombre del comunismo, la URSS estaba orgullosa y se protegía ferozmente a sí misma. Con su falta de alimentos y recursos ocultos al resto del mundo, la URSS continuó pregonando una bandera de igualdad y abundancia que engañó a muchos filósofos y reformistas económicos internacionales. Entre ellos estaban Donald Maclean, Guy Burgess, Kim Philby, Anthony Blunt y John Cairncross—los ahora infames Cinco de Cambridge, que creían tan firmemente en los principios del marxismo que se convencieron de traicionar a su propio gobierno a favor de la Unión Soviética. Fue un movimiento muy irregular para los graduados de una de las escuelas más prestigiosas de Inglaterra.

Capítulo 2 – Estudiantes de prestigio

Donald Maclean, Guy Burgess, Kim Philby, Anthony Blunt y John Cairncross asistieron a la Universidad de Cambridge y se graduaron allí a principios de la década de 1930. Aunque todos procedían de hogares prósperos, sus antecedentes iban desde comerciantes a banqueros e incluso—en el caso de Anthony Blunt—una relación familiar con la difunta Reina Madre Elizabeth Angela Marguerite Bowes-Lyon, madre de la reina Elizabeth II. Kim Philby era quizás el más improbable del grupo al que se le permitió asistir a Cambridge, ya que nació en la India, hijo de una madre que se convirtió al islam y un padre que sirvió al rey de Arabia Saudita Ibn Saud. Philby se ganó su lugar en la universidad con una beca académica.

La Universidad de Cambridge, fundada en 1209 en la ciudad inglesa del mismo nombre, fue uno de los primeros centros de educación formal de toda Europa. Aunque los criterios de admisión se han liberalizado en gran medida desde la Edad Media—cuando solo podían asistir los varones de familias ricas e importantes—Cambridge sigue siendo una de las escuelas más elitistas a las que las familias británicas con medios económicos esperan enviar a sus hijos. Esto fue particularmente cierto en los períodos victoriano y neogeorgiano, entre 1837 y 1936, antes de que las admisiones se abrieran realmente a las mujeres y los estudiantes de diversos orígenes económicos.

Durante la primera parte del siglo XX, el comunismo estaba bastante extendido en universidades como Cambridge, con un número significativo de estudiantes ideológicamente a favor del marxismo como se describe en *El Manifiesto Comunista*. Para Donald Maclean, cuya familia política lo había enviado a una conocida escuela liberal llamada Gresham's antes de Cambridge, y para Kim Philby, quien ya era un idealista gracias a las poco comunes opciones religiosas y políticas de sus padres, el Partido Comunista ofrecía justo lo que estaban buscando.

No estaba solo en esta creencia, tampoco. Cairncross, que provenía de una gran familia cuya riqueza dependía de su propio negocio de ferretería, era uno de los relativamente raros estudiantes escoceses admitidos por Cambridge. Teniendo un ingreso estable que garantizaba una educación de la más alta calidad, todavía poseía la visión de un forastero cuando asistía a la escuela en Inglaterra. Al igual que Philby, Cairncross formaba parte de la segunda clase informal de la época, ya que se minimizaba la importancia de los ciudadanos británicos que venían de fuera de Inglaterra propiamente dicha.

En cuanto a Burgess, su familia se había enriquecido en la industria financiera después de trasladarse a Inglaterra como refugiados hugonotes franceses en el siglo XVI. Inicialmente interesado en una carrera militar, una condición óptica obligó a Burgess a replantearse sus planes de carrera. Mientras consideraba sus opciones, asistió al desenfrenado clasista Eton College y se hizo popular entre sus compañeros a pesar de sus opiniones de izquierda fuera de lugar y descaradas. Habiendo ganado una beca para Cambridge en 1930, hizo el cambio y fue elegido jefe de la Sociedad Histórica de la Trinidad, de la que Philby también era miembro.

Blunt era el más privilegiado del grupo, su padre era el reverendo Arthur Stanley Vaughan Blunt y él personalmente asistió al té de la tarde en varias ocasiones en la casa de los Bowes-Lyons. Siendo un reconocido homosexual, lo cual era ilegal a principios del siglo XX, Blunt se unió a los Apóstoles de Cambridge mientras estaba en la escuela— un pequeño grupo de hombres intelectuales que se reunían semanalmente para discutir temas que consideraban importantes. Encubiertamente conocido como una especie de refugio para estudiantes gays, los miembros de los Apóstoles también incluían a Guy Burgess, otro conocido homosexual. No todos los estudiantes que llegarían a ser conocidos como los Cinco de Cambridge se unieron a los Apóstoles, pero se cree que todos se unieron al Partido Comunista de Gran Bretaña durante su tiempo en la Universidad de Cambridge. Aunque Philby quizás no lo hizo, se unió a la Federación Mundial de Ayuda a las Víctimas del Fascismo Alemán en París, un frente para un grupo de apoyo comunista bajo el liderazgo del alemán Willi Münzenberg.

Unos años mayor que los otros hombres, Anthony Blunt se graduó primero en la universidad y se quedó para ser miembro del personal docente. En su papel de profesor de Cambridge, Blunt viajó a la Unión Soviética en 1933, aunque los investigadores no pueden estar seguros de si fue reclutado por la U.R.S.S. en ese momento o más tarde. Lo que está claro es que su amigo Burgess se convirtió en un patriota soviético al año siguiente. Gracias a la recomendación de Kim Philby—que se había unido recientemente al ministerio soviético en secreto—Burgess llamó la atención de un hombre llamado Arnold Deutsch.

Deutsch era un oficial de inteligencia soviético que buscaba reclutas británicos que pudieran servir a la URSS desde posiciones de poder internacionales. Buscaba específicamente ciudadanos británicos que pudieran entrar en cualquier evento o lugar—así que, ¿quién mejor que los miembros altamente educados de la clase alta y media alta de Gran Bretaña? Deutsch, cuyos antecedentes permanecen en su mayoría ocultos en los registros, nació en Europa del Este y, gracias a un excelente historial académico, pudo trasladarse a Londres para estudiar psicología. Su inscripción en la Universidad de Londres encubrió el hecho de que estaba realmente en Inglaterra operando como espía para la OMS, el Departamento de Enlace Internacional de Rusia. Un comunista dedicado, Arnold descubrió felizmente que un gran número de los estudiantes universitarios ricos de Gran Bretaña eran comunistas idealistas sin ninguna salida práctica para sus creencias políticas y económicas. La Universidad de Cambridge era el perfecto campo de reclutamiento para el programa de espionaje de la Unión Soviética.

Después de reunirse con Deutsch, Kim Philby se convirtió en el primero de los famosos Cinco (con la excepción de Blunt que ya lo había hecho el año anterior) en declararse a favor de la U.R.S.S., en vez de a favor de Gran Bretaña. Para Philby, quizás no fue una decisión sin precedentes; nacido en la India de padres política y religiosamente no ortodoxos, Kim Philby no era el hijo medio rico común de la Universidad de Cambridge. Sus opiniones eran tan inconformes como las de sus padres, y el brillo del comunismo era fuerte. Philby fue probablemente el primero de los Cinco de Cambridge en ser reclutado al servicio de la URSS, pero muchos de sus contemporáneos demostraron estar igual de ansiosos por hacer lo mismo.

Salir del círculo conservador de londinenses de élite y familias británicas parecía un movimiento extraño para estudiantes cuya riqueza era suficiente para ser preparados para una universidad como Cambridge, y mucho menos para pagar las tasas de matrícula. Sin embargo, el apego de los estudiantes a los fundamentos del comunismo a menudo resultó ser puro y de por vida. En ese momento, Gran Bretaña todavía estaba tratando de capear una crisis financiera que parecía significar un fracaso del propio sistema capitalista, ya que los países de América del Norte y Europa estaban sufriendo terriblemente durante la Gran Depresión. Entre los simpatizantes socialistas ricos de Gran Bretaña, parecía que ya era hora de un cambio económico.

A través de ese primer contacto, el reclutador Arnold Deutsch—llamado "Otto"— encontró justo el equipo que estaba buscando. Philby, Maclean, Blunt, Cairncross y Burgess acordaron finalmente encontrar una ubicación estratégica en áreas clave de las oficinas de inteligencia, seguridad y asuntos exteriores británicas, y utilizar la información que recogieran allí para beneficiar la causa de la Unión Soviética.

Capítulo 3 – Anthony Blunt: Maestro, amante, reclutador

No está muy claro exactamente cuándo Anthony Blunt juró su lealtad a la Unión Soviética, pero parece más probable que ocurriera en 1933 o 1934 cuando todavía estaba enseñando en Cambridge. Siendo un profesor bastante joven, Blunt estaba muy interesado en los Apóstoles de Cambridge como una forma de conectar personalmente con otros jóvenes inteligentes y potencialmente encontrar candidatos para aventuras románticas. Cuando conoció a Guy Burgess en 1931, encontró un espíritu afín que compartía su interés por el arte, la política y el intelectualismo.

Aunque Blunt niega todo lo que no sea amistad entre él y el alcohólico Burgess, sus compañeros de estudios informaron que los dos comenzaron una aventura amorosa durante sus primeros años juntos en la universidad. Aunque la (supuesta) pasión no duró, la amistad sí lo hizo—así como sus conversaciones idealistas sobre los méritos del comunismo. De hecho, Guy Burgess es la razón por la que Blunt se convirtió en comunista y antifascista en primer lugar. Aunque también se ha sugerido que Blunt, como superior de Burgess, convenció a este último para que asumiera la causa, el propio Blunt dijo a los entrevistadores de la posguerra fría que se sintió atraído por el comunismo por culpa de Guy.

"Cambridge había sido golpeada por el marxismo y... la mayoría de mis amigos entre mis contemporáneos más jóvenes—incluyendo a Guy Burges—se habían unido al Partido Comunista o eran al menos muy cercanos a él políticamente", escribió Blunt en sus memorias.

Mientras que Burgess encontró su propio vínculo con la red de espionaje soviética después de salir de la escuela, Blunt firmó con el Comisariado del Pueblo para Asuntos Internos, o NKVD—el ministerio de asuntos internos de la URSS. Los oficiales del NKVD llevaron a cabo asesinatos en masa en nombre de Joseph Stalin en un intento de limpiar el Partido Comunista de los terratenientes ricos y las minorías étnicas. Incluso se afirma que condujeron cámaras de gas móviles en las que se podían llevar a cabo ejecuciones en el lugar.

Presumiblemente, estos actos eran desconocidos para el mundo fuera de la Unión Soviética, incluyendo a Anthony Blunt y sus colegas. Según le dijeron a Blunt sus contactos en Inglaterra, los soviéticos defendían los ideales del marxismo lo mejor que podían y necesitaban compatriotas internacionales para ayudarles a llevar a cabo ese trabajo. Probablemente cuando visitó la URSS en 1933, Blunt no vio nada que negara esto, y por lo tanto cumplió con las peticiones de la NKVD, buscando eventos y personas de las que pudiera aprender algo útil para sus controladores soviéticos. Específicamente, se le pidió que ayudara a reclutar a jóvenes de ideas afines en la universidad de élite donde trabajaba.

En el exterior, Anthony cultivó una reputación por sí mismo como un experto en historia del arte de primera clase. Publicó su primer libro en 1940 llamado *Teoría Artística en Italia, 1450-1600*. Al año siguiente publicó *François Mansart y los orígenes de la arquitectura clásica francesa*. Aunque su amor y experiencia profesional en relación con las bellas artes eran puros, entre bastidores, se había convertido en un doble agente tanto para los soviéticos como para los británicos. Además de su lealtad a la NKVD, también juró mantener el cargo crítico del MI5, la Inteligencia Militar Británica.

Como miembro del MI5, Blunt tenía acceso a mensajes decodificados que habían sido recogidos de las transmisiones alemanas. Este tipo de información se denominaba "Ultra", y Blunt era responsable de obtener esa información y transmitirla a los soviéticos. Aunque el protocolo en el complejo de inteligencia secreta de Gran Bretaña era muy estricto, y exigía que cada operador de radio, decodificador, traductor y otros trabajadores solo transmitieran información a un eslabón particular de la cadena, el proceso no estaba exento de sus puntos débiles. Confiando en el uso del papel, las notas individuales podían ser retiradas de los edificios de inteligencia con relativa facilidad.

Blunt no se contenía. Recogió todo lo que pudo conseguir con seguridad y arrojó pilas y pilas de información de inteligencia a la Unión Soviética. Los datos eran tan abundantes que hizo que Stalin cuestionara la lealtad de Blunt como espía. Sospechando que su agente británico no solo era un doble agente, sino un triple agente, el líder soviético se preguntó si las masas de Ultra eran falsas. Aunque no terminó el contrato de Blunt con la NKVD, Stalin se esforzó en comparar sus datos con los de otros espías. Uno de estos espías, John Cairncross, también trabajaba duro en el mismo complejo. Aunque los dos tenían papeles tan secretos que probablemente ni siquiera se conocieron allí, no solo eran compañeros de escuela, sino colegas que actuaban como dobles agentes. Tal era el destino de los Cinco de Cambridge: siempre trabajando hombro con hombro, normalmente sin saberlo.

Capítulo 4 – Burgess: Un topo dentro de la BBC

En cuanto a Guy Burgess, abandonó sus estudios de postgrado en Cambridge en 1935 después de varios intentos fallidos de completar su trabajo de doctorado. En general se considera que fue su falta de atención y no un fallo intelectual lo que impidió a Burgess conseguir un doctorado y un puesto de profesor en Cambridge.

A pesar de esto, Burgess encontró un empleo con la madre de uno de sus amigos ricos de la escuela. Al aceptar el puesto, se le pagaron 100 libras al mes como asesor de esta rica mujer en sus inversiones financieras. Una cantidad casi exorbitante de dinero, incluso para un graduado de Cambridge, Burgess hizo el poco trabajo que se le exigía y usó los ingresos para financiar viajes de investigación a Alemania, donde el nazismo había echado raíces. Los viajes coincidieron con el rápido anuncio de Burgess a todos los que le escuchaban de que había abandonado el comunismo y ahora apoyaba el fascismo del dictador italiano Benito Mussolini. También formó un nuevo club: la Hermandad Anglo-Alemana, en la que los miembros discutieron ostensiblemente las buenas acciones del líder del Partido Nazi, Adolf Hitler. Todo era una tapadera para el hecho de que se había convertido en comunista bajo la dirección de la OMS.

En 1936, Burgess consiguió un trabajo en la British Broadcasting Corporation (Corporación británica de radiodifusión o BBC). Burgess fue nombrado subdirector del Departamento de Entrevistas, un papel que le obligaba a concertar entrevistas con personalidades que fascinaran a los oyentes de la radio. Como Guy era un joven popular y bien conectado a la red, no tuvo problemas para organizar entrevistas con personas notables—entre ellas Anthony Blunt y Jack Philby, destacado entusiasta y explorador árabe que fue el padre de nada menos que Kim Philby. Aunque Burgess se reunió con Winston Churchill varias veces, no tuvo éxito en conseguir al posible primer ministro británico para una entrevista de radio.

Aunque Burgess era muy querido por muchas personas, sus colegas de la BBC no le tenían tanto cariño como sus compañeros de la universidad. Se decía que no solo era un alcohólico constantemente exagerado, sino que también era un esnob y un vago desordenado. Dijo el empleado de la BBC Gorley Putt sobre su colega: "Me sorprendió, mucho más tarde en la vida, saber que [Guy Burgess] había sido irresistiblemente atractivo para la mayoría de las personas que conoció".

El asistente administrativo del Departamento de Entrevistas escribió un informe de Burgess, que aún está en los archivos de la BBC hoy, amonestándole por aparecer raramente en la oficina hasta después de las 10:45. Continuó diciendo que incluso con una hora de inicio tan tardía, se iba rápidamente por el resto del día para hacer contactos.

Acostumbrado a una vida de lujos y privilegios, Burgess no intentó cambiar su comportamiento después de asumir el trabajo. De hecho, usó las cuentas de gastos de la BBC para cubrir sus gastos, desde una noche de copas hasta billetes de autobús de primera clase. Burgess recibió una nota de una autoridad superior de la BBC: "Se requiere un carácter muy fuerte para reducir este gasto, pero el intento debe hacerse ciertamente".

A pesar de las repetidas reuniones con sus empleadores, durante las cuales le suplicaron a Burgess que se detuviera, Guy no estaba convencido de que tuviera que hacer ningún cambio en sus métodos. "Normalmente viajo en primera clase y no veo razón para cambiar mi práctica cuando estoy en la BBC, particularmente cuando estoy con mi mejor ropa". Burgess se convirtió en sinónimo de este tipo de actitud egoísta y extravagante durante su tiempo en la BBC.

Según Jean Seaton, historiador oficial de la BBC, "Estaba haciendo contactos, y decían que estaba gastando demasiado. Todo eso era en parte su forma de ser, en parte espiando, y en parte haciendo el trabajo de la BBC". Esto es casi seguro que es cierto. Esencialmente en este punto de su carrera profesional y secreta, Burgess necesitaba conocer a tantas personas influyentes como fuera posible y darles el tiempo suficiente para que estuvieran felices de reunirse y hablar con él regularmente. Cuanto más relajados estuvieran los invitados de Burgess, más baja sería la guardia y más secretos estarían dispuestos a revelar.

Mientras trabajaba para la BBC, Burgess fue contactado por el MI6, el Servicio de Inteligencia Secreta del Reino Unido, que cuestionó si Guy, consideraría realizar algunas pequeñas tareas para ellos. La comunicación no fue una coincidencia, ni se debió a Anthony Blunt. De hecho, la OMS ya había instruido a su agente voluntario para que se hiciera amigo de David Footman, autor de la novela de 1936 *Cerdo y Pimienta*. Según la OMS, Footman era miembro del MI6—un hecho que no sería sorprendente en años posteriores cuando sus libros pasaron de la ficción fantasiosa a las novelas de conspiración oscuramente contemplativas y a la no ficción, sobre todo en lo que respecta a Rusia. Burgess hizo lo que se le ordenó y encantó al autor. Poco después, Footman presentó a Burgess a su oficial superior del MI6, Valentine Vivian.

Vivian estuvo de acuerdo en que Burgess, dada su vasta red social y su fácil encanto, era un buen candidato para el servicio secreto. Antes de contratarlo, sin embargo, Vivian hizo que Burgess trabajara encubierto a tiempo parcial como una especie de voluntario. Uno de sus trabajos consistía en retransmitir las comunicaciones entre el primer ministro británico Neville Chamberlain y el presidente francés Edouard Daladier antes de que se unieran a una cumbre en Alemania en 1938. Después de un año y medio de tales tareas, el MI6 estaba listo para traer a su nuevo recluta a tiempo completo. El momento era ideal porque Guy Burgess ya estaba harto de su trabajo en la BBC.

La reunión fallida con Winston Churchill molestó a Burgess, que a menudo podía convencer a cualquiera de visitar el estudio para una entrevista. Cuando el gobierno británico vetó varias veces la elección de entrevistados de Burgess en la estación durante 1938, creyó que Churchill estaba detrás de ello y se puso furioso. Al no ver ninguna otra razón para continuar con el trabajo, renunció. Ese mismo año Burgess aceptó un trabajo en el MI6, el Servicio Secreto de Inteligencia del Reino Unido. Ya empleado en la OMS, esto hacía de Burgess un peligroso agente doble.

Habiendo adquirido el conocimiento social de los principales políticos de Gran Bretaña y Europa, y haciéndose un nombre en una de las organizaciones más confiables de la nación, Guy Burgess estaba finalmente posicionado exactamente donde la Unión Soviética lo quería: Dentro de las propias fuerzas de seguridad británicas. Ahora el verdadero trabajo de espionaje podía comenzar.

Capítulo 5 – Maclean y la Guerra Civil Española

Aunque había sido un vocal defensor del marxismo durante sus días en Cambridge, Donald Maclean dijo al gobierno británico que esos días habían quedado muy atrás cuando solicitó su post-graduación en administración pública. Le tomaron la palabra, y en 1935, Maclean trabajaba en el Ministerio de Asuntos Exteriores Británico en Londres. Fue el primero de los Cinco de Cambridge en ocupar un puesto en el gobierno británico y se enteró de datos internos sensibles relacionados con la Sociedad de Naciones, así como con España, Portugal, Suiza y los Países Bajos. Después de un año en el trabajo, la red de Maclean se amplió para incluir a Alemania, Italia y la U.R.S.S. Su papel más importante durante esos primeros años en el Ministerio de Asuntos Exteriores fue con un grupo especializado, cuyo objetivo era poner fin rápidamente a la guerra civil española.

Fue en 1936 cuando España se derrumbó en facciones en conflicto. Por un lado, estaba el presidente democráticamente elegido Manuel Azaña, un republicano que representaba los ideales socialistas y una continua ruptura con la monarquía española. Estaba a favor de mantener la Segunda República Española de 1931, en la que la familia real fue despojada del poder. Azaña contó con un apoyo abrumador de los votantes y, como presidente, prohibió las escuelas dirigidas por la iglesia y las organizaciones benéficas, dio fondos a las escuelas públicas, redujo los fondos militares y prometió redistribuir grandes tierras de propiedad privada a los agricultores pobres.

En el lado opuesto, estaba el general Francisco Franco. Una persona poderosa e influyente dentro del ejército, Franco tenía otras ideas políticas—específicamente, el regreso a la dictadura militar que había estado en vigor bajo el rey Alfonso XIII. Consciente de la dedicación de Franco al gobierno autoritario, Azaña hizo cerrar su Academia Militar General y lo ubicó lejos de las ciudades influyentes de España. Aun así, el apoyo militar de Franco fue requerido durante los disturbios después de que un partido de derecha ganara las elecciones locales, y cuando este terminó, hubo 4.000 muertos. La popularidad de la facción derechista del gobierno hizo que Franco volviera a una posición de poder como jefe del estado mayor del ejército, y cuando las nuevas elecciones colocaron a más republicanos en el gobierno, el general empezó a discutir la posibilidad de dar un *coup d'état* (Golpe de Estado).

Desde la distancia segura de Marruecos, Franco se puso en contacto con la Alemania nazi y la Italia fascista para que le ayudaran con las armas mientras movilizaba a las tropas españolas leales de vuelta al continente. Allí, después de una serie de ataques sorpresa, Franco obtuvo el control de gran parte del lado occidental de España. La guerra comenzó entre los nacionalistas de Franco y los republicanos de Azaña que incitó a los miembros de otras naciones europeas a participar. Tropas de voluntarios llegaron desde Gran Bretaña—incluyendo al autor George Orwell—para apoyar al gobierno socialista. Se consideraba una guerra de izquierdas campesinas y de clase media contra una guerra fascista de clase alta, y los soviéticos estaban claramente del lado de la izquierda. Eso incluía a su agente, Donald Maclean.

En el Reino Unido, Maclean trabajó como parte del Comité de No-Intervención para establecer y mantener un sistema de control para vigilar a los principales partidos que influyeron en la Guerra Civil Española. Su objetivo era mantener un perfil de no intervención en la guerra mientras evitaban que la información y las personas clave llegaran a las facciones en guerra dentro de España. Esencialmente, esto significaba que como mucho las naciones exteriores podían enviar suministros y tropas voluntarias, pero no debían enviar ejércitos nacionales. Aunque el comité estaba compuesto por miembros de varios países europeos, sus miembros probablemente tenían pocas esperanzas de aplacar la violencia en España, ya que tanto Alemania como Italia estaban presentes y enviaban armas al estado en cuestión. Sin embargo, había un objetivo muy importante del comité, y era el acuerdo entre los países que asistían voluntariamente a no unirse realmente a la guerra para ninguno de los dos bandos. Alemania e Italia declararon poco después del golpe que el verdadero gobierno de España era el de los nacionalistas y el general Franco.

A lo largo de 1937 y 1938, Donald Maclean robó innumerables documentos del Comité de No Intervención y se reunió con la agente soviética Kitty Harris en su apartamento de Bayswater para fotografiar y enviar las pruebas a Stalin. Según se informa, la pareja tomó fotos de 45 cajas de documentos durante ese tiempo para mantener a la URSS lo más actualizada posible sobre la política británica con respecto a España. Como los otros miembros del comité dirigido por los británicos, la Unión Soviética acordó no involucrarse formalmente en la guerra, pero Stalin suministró a los republicanos miles de aviones, tanques, coches blindados y armas. El gobierno republicano de España pagó por los suministros en oro, teniendo en ese momento una de las mayores reservas de oro del mundo. Dos tercios de él fueron enviados de vuelta a los soviéticos.

Después de tres años de guerra entre los republicanos y los nacionalistas, Franco tenía la mayor parte del poder. Gran Bretaña y Francia declararon al general Franco líder de España, creyendo que la no intervención había evitado con éxito que Europa colapsara en su propia guerra internacional. Puede que lo hayan aplazado unos años, pero una vez que Franco estuvo en el poder, una gran guerra europea estaba a solo unos meses de distancia.

Capítulo 6 – La Segunda Guerra Mundial: Espionaje entre los aliados

Las luchas internas pueden haber terminado en España a principios de 1939, pero para septiembre, el líder del gobierno nazi alemán, Adolf Hitler, había invadido Polonia y enviado a Europa en espiral de vuelta a la guerra. Con la intención de nada menos que la dominación mundial y la limpieza étnica a favor de la raza aria, el Partido Nacional Socialista de Hitler era todo lo contrario. Afirmando que "Nuestra lucha es con el dinero. El trabajo por sí solo nos ayudará, no el dinero. Debemos aplastar la esclavitud de los intereses. Nuestra lucha es con las razas que representan el dinero" ya en 1919, Hitler estaba usando el socialismo populista para conseguir un cargo, o estaba genuinamente confundido sobre su premisa. En cualquier caso, el ataque de su ejército a Polonia finalmente impulsó a los no intervencionistas europeos a intervenir. Gran Bretaña y Francia declararon la guerra a Alemania y sus aliados el 3 de septiembre de 1939, en un discurso pronunciado por el primer ministro británico Neville Chamberlain:

Entraremos en ella con la conciencia tranquila, con el apoyo de los dominios y el Imperio Británico, y la aprobación moral de la mayor parte del mundo.

No tenemos ninguna disputa con el pueblo alemán, excepto que se dejan gobernar por un gobierno nazi. Mientras ese gobierno exista y siga los métodos que ha seguido tan persistentemente durante los últimos dos años, no habrá paz en Europa. Simplemente pasaremos de una crisis a otra, y veremos a un país tras otro atacado por métodos que ahora nos resultan familiares a causa de su enfermiza técnica.

Estamos decididos a que esos métodos lleguen a su fin. Si en esta lucha volvemos a establecer en el mundo las reglas de: La buena fe y la renuncia a la fuerza, entonces incluso los sacrificios que se nos impondrán encontrarán su plena justificación.

En el transcurso de los siguientes meses, Gran Bretaña se esforzó por reforzar sus recursos de inteligencia y entrenar agentes en comunicaciones, códigos, procedimientos y protocolos dentro de los servicios secretos del MI5 y el MI6. Para los Cinco de Cambridge, eso significaba que cada uno de ellos estaba ahora posicionado en lo más profundo del gobierno británico: Cairncross y Maclean estaban en el Ministerio de Asuntos Exteriores, Burgess en el MI6, Philby en el Ministerio de Guerra y Blunt en el MI5. Tal y como Arnold Deutsch esperaba, sus reclutas comunistas británicos eran exactamente el tipo de red de espionaje que los soviéticos querían crear.

Al comienzo de la Segunda Guerra Mundial, la Unión Soviética se declaró enemiga de Alemania y por lo tanto aliada de Gran Bretaña y los otros países aliados. Como tal, el trabajo que los espías de Cambridge fueron contratados para hacer para la NKVD probablemente parecía bastante natural—después de todo, ¿cuál fue el daño de compartir los códigos y hechos de la guerra con un aliado? Por supuesto, Gran Bretaña nunca confió plenamente en la Unión

Soviética a pesar de tener un enemigo mutuo. Por lo tanto, el Reino Unido solo se esforzó en compartir información extremadamente pertinente con los soviéticos para poder detener a los nazis. Los Cinco de Cambridge simplemente llenaron los grandes vacíos.

Probablemente fue uno de los trabajos aparentemente más justos que cualquier espía haya asumido; aunque si Gran Bretaña hubiera sabido que sus propios operativos estaban compartiendo información ilegalmente, habría sido considerado como traición. Sin embargo, para los agentes de Cambridge, que seguían creyendo que el gobierno soviético de Stalin era una verdadera y beneficiosa estructura comunista, estaban ayudando al esfuerzo bélico quizás más que sus propios colegas.

Stalin, sin embargo, no era el marxista que decía ser. Era un dictador que utilizaba las fuerzas de la policía secreta rusa para llevar a cabo asesinatos masivos de individuos que potencialmente amenazaban su autoridad. Antes y durante la guerra civil española, orquestó un estimado de un millón de ejecuciones en lo que se ha llamado la Gran Purga—o alternativamente, el Gran Terror. Este último título equipara las atrocidades de Stalin con las de Maximilien Robespierre durante la Revolución Francesa. Además de estas ejecuciones, el Ejército Rojo masacró a prisioneros de guerra durante la Segunda Guerra Mundial. Evidentemente, la mayoría de estos hechos fueron desconocidos para el servicio secreto británico hasta el final de la guerra, ya que ninguno de los espías de Cambridge encontró una razón para abandonar su patriotismo soviético durante ese tiempo.

Aunque fue de hecho la red de espías la responsable de la transmisión de masas de datos de la inteligencia británica a la Unión Soviética, nada de esto habría sido posible si no fuera por el asombroso equipo de expertos en comunicaciones, ingenieros y descifradores de códigos que trabajaron dentro del gobierno británico durante la Segunda Guerra Mundial. Estos fueron los hombres y mujeres cuyo duro trabajo y brillantez intelectual no solo interceptaron y decodificaron el tráfico de radio del Eje, sino que llegaron a inventar máquinas para ayudarles a hacerlo más rápidamente.

A medida que la guerra continuaba, la ubicación y los trabajos de los Cinco de Cambridge cambiaron para adaptarse mejor a las circunstancias. Mientras Philby se infiltraba en la CIA y el MI6, el agente Donald Maclean tuvo conocimiento de las conversaciones entre el primer ministro Winston Churchill y el presidente de EE. UU. Franklin Roosevelt en la Embajada Británica en el Cairo, Egipto. Los líderes se reunieron para la Conferencia de los Aliados en noviembre de 1943, un evento al que también asistió el Generalísimo chino Chiang Kai-shek.

Concebida como precursora de la reunión de los líderes americanos y británicos en Irán con el tercer aliado destacado, Joseph Stalin. La reunión de el Cairo fue una importante oportunidad para que Churchill hablara con Roosevelt sobre la movilización de las tropas americanas en el Mediterráneo en lugar de las francesas. Gran Bretaña ya había hecho importantes progresos en Sicilia y probablemente temía establecer un nuevo frente de guerra tan cerca de casa. Desafortunadamente, Roosevelt tenía más tropas que aportar al esfuerzo bélico, y le recordó a Churchill este hecho, insistiendo en que se centraran en Francia. El debate fue muy acalorado, con los comandantes militares de ambos lados casi llegando a los golpes al menos una vez. Maclean supervisó todo e informó a los agentes de Stalin del resultado de la reunión.

Cuando Josef Stalin se reunió con sus homólogos aliados en la capital de Irán, Teherán, unos días después de la Conferencia de el Cairo, era perfectamente consciente del resultado en el Cairo. El antiguo líder del movimiento aliado, Winston Churchill, había sido apartado por el presidente americano que no había seguido ningún consejo de los británicos. De hecho, Roosevelt había pasado mucho tiempo en el Cairo elaborando estrategias con el líder chino Chiang

Kai-shek sobre la guerra en curso con Japón. Churchill había considerado esto como una frustrante pérdida de tiempo.

Cuando Churchill y Stalin se reunieron cara a cara, discutieron el futuro de Polonia en caso de una victoria aliada. Ambos acordaron que se dividiría, la sección oriental quedaría bajo administración soviética mientras que la occidental conservaría la independencia. No importaba el resultado de la guerra, Polonia nunca sería la misma.

Capítulo 7 – Enigma, bomba y coloso

Bletchley Park, una mansión del siglo XIX situada en Milton Keynes, Inglaterra, era el recinto en el que los agentes de la inteligencia británica hacían su trabajo diario. Fue dividido en varias cabañas numeradas durante la Segunda Guerra Mundial, y el personal especializado en descifrar códigos y comunicaciones estaba apostado allí en secreto. Al menos dos espías soviéticos frecuentaban la propiedad, actuando como dobles agentes de los soviéticos, así como del MI5 o MI6. Estos eran Anthony Blunt y John Cairncross.

Como el Reino Unido y la URSS se vieron forzados a una incómoda alianza contra Alemania, el trabajo de espionaje dependía de guardar información que el ejército y el gobierno británicos simplemente no creían necesario pasar a los soviéticos. Para Blunt y otros espías comunistas, esto equivalía a códigos secretos y mensajes interpretados de las comunicaciones de radio alemanas. Entender las intenciones del enemigo resultó increíblemente difícil, incluso para los miembros más experimentados de las fuerzas británicas. Se vieron obligados a reclutar a los mejores matemáticos y criptoanalistas de la nación y ponerlos a trabajar tratando de descifrar una constante cadena de códigos.

Uno de esos reclutas fue Alan Turing, irónicamente un colega de los Cinco de Cambridge. Habiendo estudiado matemáticas avanzadas en el King's College de la Universidad de Cambridge a principios de los años 30, se doctoró en la Universidad de Princeton en los Estados Unidos. Cuando estalló la guerra en Europa, Turing no solo había trazado planes para un dispositivo electrónico de computación, sino que construyó la mayor parte del prototipo. Capaz de multiplicar números binarios, el dispositivo era esencialmente un modelo temprano de una calculadora científica. El trabajo de Turing en esta máquina era la esperanza de Gran Bretaña para descifrar los códigos alemanes, que fueron creados en una máquina llamada Enigma.

Enigma había sido creada por el ingeniero alemán Arthur Scherbius al final de la Primera Guerra Mundial, y la tecnología fue puesta al servicio del ejército de Hitler antes del comienzo de la Segunda Guerra Mundial. Las máquinas Enigma también fueron enviadas a Japón e Italia para mantener sus propias comunicaciones encriptadas de forma segura con los Aliados. Afortunadamente para los británicos, los espías aliados habían descubierto información clave sobre la máquina Enigma, como por ejemplo cómo funcionaba el sistema de cableado de enchufe. Armados con estos datos, Turing y su equipo de descifradores de códigos se pusieron a trabajar en la puesta a punto de su propia máquina para entender el aluvión diario de transmisiones navales alemanas. Trabajaron diariamente en el Cuartel General de Comunicaciones del Gobierno en Bletchley Park.

La máquina Enigma era fácil de usar, pero compleja de decodificar. Para hacerla funcionar, un operador ajustaba su máquina a un cifrado específico. Luego, él o ella escribía el verdadero mensaje en la máquina usando llaves de tipo frontal. Por cada tecla de letra que se pulsaba, se activaba una luz en un conjunto secundario de letras, indicando qué letra debía usarse para reemplazar la original. Letra por letra, el operador escribía las letras codificadas y enviaba el mensaje codificado completo a través del código Morse en las frecuencias de radio. Los Aliados podían escuchar estos mensajes, pero sin el código, no podían entender lo que se comunicaba.

Mejorando una máquina polaca de descifrar códigos llamada bomba kryptologiczna, Turing creó su propia versión, la bomba, que comparaba las posibles combinaciones del código Enigma con un texto que se esperaba que apareciera en el mensaje codificado. Los rotores de la bomba comprobaron mecánicamente las posibilidades de cifrado hasta que se descubrió una contradicción. Debido a la programación específica de Enigma, no era posible codificar una carta como tal, así que cuando la máquina de Turing se encontró con tal ocurrencia, descartó el cifrado potencial que había estado probando y pasó al siguiente. Junto con un equipo que incluía a Gordon Welchman, Turing alimentó la bomba con diferentes textos hasta que finalmente uno coincidió con un cifrado ejecutado por la máquina. Desde 1941 hasta el final de la guerra, el equipo de Bletchley Park fue capaz de descifrar unos 2,5 millones de mensajes—alrededor de 3.000 por día durante su período más productivo.

Las transmisiones en código morse no fueron las únicas formas de comunicación utilizadas, ni por el Eje ni por los Aliados. Al comienzo de la guerra se descubrió un nuevo tipo de tráfico de radio que estaba claramente destinado a ser procesado por un tipo de máquina totalmente diferente. Estas comunicaciones se enviaban y recibían en un aparato que los equipos de Bletchley Park nunca vieron en persona hasta 1945, pero que los alemanes llamaron "*sägefisch*", o pez sierra. Por lo tanto, los británicos usaron la palabra "pez" cuando había tráfico de teleimpresoras y se refirieron a la máquina desconocida como "Tunny", como en "tunafish". La máquina se llama formalmente el Lorenz.

Durante una transmisión particular de 4.000 caracteres de Tunny en 1941, los operativos británicos notaron inmediatamente que la parte receptora en Austria respondió con un mensaje no codificado pidiendo a la primera parte que lo retransmitiera. El mensaje codificado se volvió a presentar, esta vez acortando la transmisión con abreviaturas. Comparando las dos transmisiones y analizando las diferencias abreviadas, el equipo de Bletchley Park pudo hacer suposiciones sobre el funcionamiento de la máquina de Lorenz. El equipo de investigación pasó esta información al matemático Bill Tutte, cuya diligente repetición manuscrita de las cifras originales reveló pistas vitales sobre el funcionamiento interno de la Lorenz. Un equipo que incluía a varios miembros del propio grupo de Turing descifró el cifrado a los cuatro meses de la transmisión de la clave. A continuación, se construyó una compleja máquina de computación para decodificar las llamadas transmisiones Tunny automáticamente. Se llamaba Colossus. La investigación matemática de Alan Turing ayudó a su compañero rompe-códigos Tommy Flowers a desarrollar la infame máquina.

El trabajo de Turing, Flowers y sus compañeros fue esencial para el conflicto bélico, pero también fue una gran ayuda para la red de espionaje soviético que trabajaba en varios departamentos del gobierno británico. Cuando los agentes de Bletchley Park aprendieron a descifrar los códigos de Enigma, el ex-alumno de Cambridge John Cairncross se encontró destinado a Bletchley como traductor. Habiendo estudiado alemán en la universidad, fue Cairncross quien tomó los mensajes descifrados de Turing y los reescribió en inglés. Aunque los historiadores no pueden estar seguros de si los dos se conocieron durante este tiempo, es improbable, ya que cada departamento de inteligencia militar se mantuvo seguro y aislado del siguiente.

No obstante, en Bletchley Park y en la inteligencia británica no faltaban graduados de Cambridge, muchos de los cuales pueden o no haberse reconocido como tales. De hecho, Cairncross fue reclutado para el Ministerio de Relaciones Exteriores Británico por su compañero de graduación de Cambridge Jack Klugman, que también era miembro de la NKVD. En cuanto a su propio trabajo con los soviéticos, eso se debió a Anthony Blunt, el reclutador de Cairncross. Durante su estancia en Bletchley Park, John Cairncross se llevó las traducciones de Enigma al dejar el trabajo y se dirigió a la estación de tren local. Allí, puso los papeles en una bolsa y viajó a Londres, donde se reunió con los contactos soviéticos y los entregó. Entre sus datos y los de Blunt, los soviéticos tenían mucho con lo que trabajar.

Capítulo 8 – Espionaje y la batalla de Kursk

Cairncross no solo traicionó a los agentes de Bletchley Park al contrabandear las traducciones de Enigma, sino que también proporcionó a sus manejadores soviéticos datos en bruto de Colossus. Al hacerlo, probablemente creyó que simplemente estaba realizando una función necesaria dentro de la red Aliada. Después de todo, Gran Bretaña y los soviéticos se comunicaban activamente y compartían información sobre los planes militares alemanes; sin embargo, el primer ministro Winston Churchill estaba de acuerdo con los principales asesores militares en que, aunque sus aliados soviéticos debían conocer los planes alemanes, no tenían por qué saber cómo se recopilaban esos datos. La información de Cairncross sirvió para llenar los vacíos de Stalin y su élite militar.

Según su esposa, Gayle Cairncross-Gow, en una entrevista posterior a la Guerra Fría, John consideró muy cuidadosamente su posición entre las inteligencias británica y soviética. Él escribió:

> Tal vez la influencia que más me conmovió y me obligó a reconsiderar mi posición fue la noticia de que los alemanes seguían adentrándose cada vez más en el corazón de Rusia por el sur. Mi preocupación, sin embargo, no era solo por

nuestro aliado, que sufría enormes pérdidas. Si los rusos se veían obligados a retroceder cada vez más, me parecía elemental que existía el peligro de que se vieran reducidos a una guerra de guerrillas o marginal, o incluso de que se derrumbaran. En ese caso, los alemanes podrían cambiar un gran bloque de sus fuerzas hacia los frentes italiano o norteafricano o, peor aún, lanzarlos contra Gran Bretaña.

Para ayudar a proteger a los dos países que le importaban, Cairncross eligió seguir adelante con la transferencia de las comunicaciones vitales alemanas. Admitió más tarde que no quería ser un espía a largo plazo para Stalin ni un afiliado de por vida de la KGB. Más bien, simplemente usó estos contactos para ayudarse a sí mismo a servir a los intereses de su propio código moral—para luchar contra el fascismo. Fue en esta línea que John decidió entregar una pieza crucial de información que había salido de Coloso: la ubicación específica de la Fuerza Aérea Alemana, o Luftwaffe. Esta pieza de información impactó directamente en un serio punto de inflexión en la guerra.

Fue a principios de 1943 cuando la situación llegó a un punto crítico una vez más después de la intensa batalla de Stalingrado que se había extendido de manera insoportable desde agosto del año anterior hasta los primeros días de febrero. Los soviéticos habían asegurado su ciudad, pero no sin intensos daños y medio millón de bajas en total. Mientras las fuerzas soviéticas trataban de reagruparse, las tropas alemanas que se habían marchado a las afueras de la ciudad para sobrevivir al invierno luchaban por recuperar sus fuerzas. Muy debilitado, pero decidido a expulsar a los nazis de su territorio, Stalin envió a la ciudad tantas nuevas tropas como pudo convocar para mantenerlas alejadas de las persistentes fuerzas enemigas. Los soviéticos se desplazaron al sur, intentando aislar a los grupos alemanes restantes y acabar con ellos. En total, los soviéticos reunieron más de un millón de tropas, 3.600 tanques y casi 300 aviones para asegurar su éxito en la defensa de su ciudad.

Los soviéticos detuvieron su plan ofensivo original cuando sus equipos de inteligencia recibieron información de Cairncross de que los alemanes planeaban atacar la ciudad de Kursk. El propio Stalin orquestó los siguientes movimientos del ejército, prestando especial atención a los datos de localización de Cairncross sobre los cercanos aeropuertos de la Luftwaffe. Durante el asedio de Stalingrado, había sido la fuerza aérea alemana la que había causado los daños más importantes; los soviéticos, comprensiblemente, desconfiaban de la Luftwaffe y comprendían la importancia de reescribir sus planes para reflejar la existencia de varios aeródromos.

Gracias a los datos cruciales de sus espías, el Ejército Rojo Soviético se preparó intensamente para una fuerza alemana que se esperaba que fuera pesada en tanques y aviones blindados, ya que su infantería era muy pequeña y estaba muy cansada. Para ello, los Rojos colocaron minas anti-tanque en todo el lugar donde se iba a librar la batalla. Cavaron y prepararon grupos de nidos de cañones anti-tanque. Trajeron sus propios tanques e infantería, y pequeños grupos de tropas especializadas se infiltraron en los campos nazis para destruir sus redes de transporte y comunicación.

En cuanto a los alemanes, su plan de ataque, como de costumbre, dependía en gran medida del uso de aviones. Las fuerzas del Eje decidieron entrar con la Luftwaffe, despejar el aire sobre el campo de batalla de los aviones enemigos, y luego crear una frontera improvisada alrededor del perímetro donde los aviones pudieran atacar a los vehículos de suministro y a los refuerzos e impedir que llegaran a sus camaradas necesitados. En las etapas finales de la batalla, los pilotos alemanes dirigían su atención al centro de la contienda y ayudaban a acabar con los tanques y soldados enemigos. Era un plan que había funcionado muchas veces antes y que probablemente habría funcionado de nuevo si no hubiera sido por los esfuerzos de los equipos de Bletchley Park y las gestiones de John Cairncross.

La batalla de Kursk duró una semana antes de que Hitler la cancelara por completo. Los soviéticos no solo tuvieron éxito en proteger otra ciudad más del Eje, sino que sus preparativos para esa batalla en particular fueron tan bien ejecutados que las fuerzas alemanas atacantes nunca lograron atravesar las líneas fortificadas. La derrota fue lo suficientemente efectiva como para que el ejército de Hitler no manejara más asedios a lo largo del Frente Oriental durante los dos años restantes de la guerra. En su lugar, Hitler comenzó a sacar sus tropas de Francia y a desviarlas hacia el Mediterráneo, donde los aliados habían comenzado la invasión de Sicilia.

Capítulo 9 – Proyecto Venona

Mientras Burgess, Blunt, Cairncross y Maclean trabajaban diligentemente para recoger y entregar datos a los soviéticos, un nuevo proyecto fue lanzado en 1943 por la criptóloga de la inteligencia americana, la señorita Gene Grabeel. Conocido como Venona, el proyecto era una unidad de contrainteligencia cuyo objetivo era interceptar y decodificar las comunicaciones entre las diversas agencias de inteligencia soviéticas. Centrados en el Comité de Seguridad del Estado (KGB), el NKVD y la Dirección Principal de Inteligencia (GRU), los operativos de Venona se dedicaban a encontrar secretos soviéticos. Por supuesto, cinco de esos secretos estaban muy cerca.

Al final de la Segunda Guerra Mundial en 1945, Venona ganó importancia en Gran Bretaña debido al cese de las comunicaciones entre el Reino Unido y la U.R.S.S. Fue el comienzo de la Guerra Fría, y todas las naciones occidentales querían saber qué estaba pasando detrás de la llamada Cortina de Hierro que dividió a Europa en dos. La Unión Soviética había firmado el Pacto de Varsovia en Polonia, creando efectivamente una división socialista que corría justo por el centro de Alemania y su capital Berlín. En el lado occidental estaban Alemania Occidental, Austria, Italia y Yugoslavia; en el lado oriental estaban Alemania Oriental, Polonia, Checoslovaquia,

Hungría, Rumania, Bulgaria y la U.R.S.S. A instancias de Stalin, había poca comunicación entre las partes. De hecho, la Rusia soviética posterior a la Segunda Guerra Mundial fue más tranquila y más misteriosa que nunca. Los agentes de Venona esperaban arrojar algo de luz sobre ese silencio.

Los mensajes interceptados de las organizaciones de inteligencia soviéticas fueron encriptados usando una libreta de un solo uso. Considerado uno de los métodos más seguros de la criptología, los mensajes de un solo uso transmitidos correctamente no pueden ser decodificados. Para codificar un mensaje mediante este método, a cada letra del mensaje se le asigna un número aleatorio especializado (no números enteros simples como 1-9) y se reescribe utilizando ese código. El éxito de la utilización de una libreta de un solo uso depende de que cada tecla concreta se utilice una sola vez y no se repita nunca; también requiere que el destinatario tenga la clave. Cualquiera que intercepte el mensaje no podrá descifrar ese código de un solo uso, ni siquiera con el uso de sofisticados programas informáticos.

Esto puso una inmensa presión sobre los miembros del Proyecto Venona, por lo que Gran Bretaña envió a algunos de sus más confiables oficiales de inteligencia para ayudar con el proyecto. Uno de esos oficiales era nada menos que Kim Philby, quien partió a Washington D.C. en los años 40 para actuar como enlace entre el MI6 y la Agencia Central de Inteligencia de América (CIA). Durante el tiempo que Philby estuvo en los Estados Unidos, que duró hasta los años 50, se integró muy bien en la organización americana, aunque hubo enfrentamientos regulares entre el MI6 y la CIA sobre qué grupo debía dirigir investigaciones específicas.

Se ha alegado que Philby tenía una relación romántica con el Jefe de Contrainteligencia de la CIA, James Jesus Angleton, y aunque no se puede probar ni refutar, los dos ciertamente disfrutaron de una estrecha amistad. Angleton puede haber permitido a Philby el acceso a una inteligencia más alta de la que le correspondía formalmente, pero la mayoría de los contactos que Philby hizo con los soviéticos durante este tiempo solo ayudaron a la causa aliada. Específicamente, ayudó a probar que ni los Estados Unidos ni Gran Bretaña planeaban hacer un trato con Hitler y traicionar a su aliado soviético.

En 1944, la CIA se había interesado mucho por los asuntos internos soviéticos y estableció protocolos de contrainteligencia para interceptar las transmisiones de inteligencia dentro de la URSS. Fue una época peligrosa para Kim Philby y para todos sus colegas de los Cinco de Cambridge, ya que algunas de esas mismas transmisiones contenían sus nombres en clave. Philby era "Stanley", Burgess era "Hicks", Maclean era "Homer", Blunt era "Tony", y Cairncross era "Liszt". De acuerdo con la CIA, Philby delató a un desertor soviético que estaba a punto de volverse contra él ese mismo año, resultando en la muerte del antiguo agente. El Kremlin era muy duro con los traidores o con cualquiera que se creyera que pudiera socavar la autoridad y el poder de la Unión Soviética. No fue la última vez que las decisiones de Philby causaron la muerte en manos de la URSS. Cuando una lista de influyentes alemanes católicos llegó a su poder en la CIA, Philby la pasó a los soviéticos sin dudarlo. Estos últimos la trataron como una lista de asesinatos.

Mientras que los otros miembros de la red de espías de Cambridge a menudo lamentaban la muerte y la tragedia en la que se encontraban, Philby era un partidario soviético de línea dura que a propósito pasó por alto las implicaciones negativas de su trabajo. "No puede ser tan sorprendente que yo adoptara un punto de vista comunista en los años 30", dijo más tarde. "Muchos de mis contemporáneos tomaron la misma decisión. Pero muchos de los que hicieron esa elección en esos días cambiaron de bando cuando se hicieron evidentes algunos de los peores rasgos del estalinismo. Yo seguí el curso".

Kim Philby estaba en América después de la Segunda Guerra Mundial cuando el Proyecto Venona adquirió una importancia significativa. El agente americano Richard Hallock había descubierto que los soviéticos estaban reutilizando algunas de sus antiguas llaves para transmisiones de radio codificadas, lo que significaba que se podía realizar un cierto desencriptamiento. Los agentes analizaron su información existente, buscando más duplicados que pudieran ser usados para descubrir al menos parcialmente el significado de los mensajes soviéticos. El equipo de Hallock encontró el material duplicado y se lo pasó a Meredith Gardner, que usó la información para traducir los datos directamente de la KGB. Ella fue la responsable de descifrar el código que reveló una fuga muy seria: Los soviéticos hablaban del Proyecto Manhattan, el programa nuclear dirigido por los americanos.

Esto demostró la existencia de espías soviéticos en las instalaciones de investigación nuclear, uno de los cuales era Klaus Fuchs. Philby probablemente advirtió a Fuchs que estaba en peligro antes de pasar esta información obedientemente a sus manejadores soviéticos, contribuyendo así directamente al tema más crucial de la Guerra Fría: la potencial guerra nuclear. Joseph Stalin ya tenía sus propios planes para la energía nuclear, pero no fueron seriamente perseguidos durante los primeros años de la guerra. Sin embargo, al enterarse de que los estadounidenses estaban trabajando con los británicos y canadienses para desarrollar bombas, Stalin puso en marcha el proyecto y se concentró en robar secretos directamente de los propios investigadores y científicos estadounidenses. Estos datos, junto con los datos nucleares relevantes entregados por los espías soviéticos en Alemania, sirvieron como la base del programa nuclear soviético.

La carrera de armas nucleares había comenzado, causando a los miembros de la Guerra Fría una ansiedad y paranoia a veces extremas sobre dónde y cuándo podría ser lanzada una bomba. Los escolares practicaban esconderse bajo sus pupitres y ponerse máscaras de gas. En el punto álgido de la Guerra Fría, la URSS había acumulado unas 40.000 ojivas nucleares; los EE. UU. habían almacenado más de 30.000.

Capítulo 10 – Insurgentes aliados en Albania

Al oeste de la inmensa nación que era la República Socialista Soviética Rusa se encontraba un pequeño país cuyos ciudadanos estaban divididos entre la creencia en el comunismo, los lazos culturales con la Yugoslavia no soviética, y los monárquicos cuyo rey había sido depuesto al comienzo de la Segunda Guerra Mundial: Albania. Cuatro años después del final de la guerra, las antiguas naciones aliadas se volvieron contra su antiguo colaborador y planearon una infiltración muy secreta que aprovecharía la debilidad de la Albania comunista para desestabilizar toda la Unión Soviética.

Aunque Albania no era miembro de la URSS, era un Estado comunista independiente con fuertes lazos económicos con la Unión Soviética. Bajo el liderazgo de Enver Hoxha, la nación de un millón de habitantes trató de enderezarse bajo la bandera del socialismo después de haber sido devastada por el Eje. Los organismos de inteligencia británicos y estadounidenses trabajaron juntos para reclutar a expatriados albaneses y anticomunistas que esperaban reconstruir la Albania de la posguerra como una nación bajo el liderazgo del rey Zog. Estos nuevos agentes se lanzarían en paracaídas en la región de Mati de Albania, donde el rey gozaba de mayor apoyo. Allí, reunirían a los ciudadanos en una revuelta y comenzarían una guerra civil, con América y Gran Bretaña favoreciendo al lado monárquico. Los Aliados esperaban que esto inspirara a otros miembros del este de la Unión Soviética a rebelarse de manera similar, lanzando a la nación comunista al caos.

La primera infiltración no tuvo éxito, y los agentes no lograron incitar una revuelta entre los ciudadanos de Mati. Se enviaron más equipos en los años siguientes, pero poco se logró, y Albania quedó muy lejos de la guerra civil. Aumentando sus esfuerzos, las agencias americanas y británicas empezaron a trabajar con Grecia e Italia para atraer a nuevos reclutas con experiencia militar o guerrillera. Se les reclutó y entrenó para misiones especiales de sabotaje, durante las cuales se desplegaron equipos en diversos lugares de Albania. Sin embargo, cada vez que un equipo entraba encubierto en el país, el ejército de Hoxha lo esperaba. Incontables agentes especiales fueron asesinados o perseguidos hasta que desertaron a la cercana Grecia.

¿Por qué la administración de Hoxha parecía saber siempre el lugar y el momento adecuados? Sin que los orquestadores del proyecto albanés lo supieran, habían estado operando con un topo interno desde el principio: su enlace, Kim Philby. Al día con los más finos detalles de la infiltración, Philby mantuvo a los soviéticos al tanto de cada infiltración, y el gobierno de Stalin mantuvo a Hoxha bien informado. El asunto era moralmente delicado, incluso para un espía expatriado: Aunque potencialmente decenas de miles de vidas se salvaron de la guerra civil gracias a las acciones de Philby, también aseguró la muerte de la mayoría de los insurgentes. Según las memorias de Philby, Albania no fue la única nación que fue blanco de la subversión de la Guerra Fría, aunque los intentos de los Aliados en China, Vietnam del Norte y Ucrania también fracasaron. Philby hizo bien su trabajo.

En cuanto a Albania, el país luchó por consolidarse bajo el gobierno dirigido por los soviéticos y finalmente se declaró una república socialista independiente en 1955. En ese momento, la URSS tenía un nuevo líder llamado Nikita Jruschov, tras la muerte de Stalin dos años antes. Jruschov continuó trabajando con la red de espías que Stalin y su policía secreta habían cultivado, pero sus políticas de erradicación de gran parte del trabajo antimarxista de su predecesor estaban en desacuerdo con las de Enver Hoxha. Mientras Khrushchev trabajaba para disimular los campos de trabajos forzados y librar a la Unión Soviética de su adoración mística a Stalin, Hoxha creó la República Popular Socialista de Albania. El país no cayó en una guerra civil hasta mucho después del colapso de la Unión Soviética.

Capítulo 11 – La caída de los Cinco de Cambridge

El Proyecto Venona fue en última instancia la ruina de los cinco reclutas soviéticos de Cambridge. El primero en darse cuenta de que Venona los había identificado fue Kim Philby, que todavía estaba situado en Washington D.C. Le pidió a Burgess—que compartía un espacio vital con él en ese momento—que volviera a Londres y advirtiera a Donald Maclean que su nombre estaba en la parte superior de la lista de sospechosos. Guy se las arregló para que le enviaran a casa por mal comportamiento en 1951—y no por una semana de trabajo duro como bebedor compulsivo—e inmediatamente le dijo a Maclean del peligro inminente. Para ese mismo verano, tanto Burgess como Maclean habían desaparecido en la Unión Soviética. Burgess murió a principios de 1963 de arteriosclerosis y fallo hepático provocado por su hábito de beber en exceso. Sus cenizas fueron enviadas a casa para ser enterradas en su parcela familiar de West Meon.

No se necesitó mucho trabajo detectivesco para rastrear su desaparición hasta Kim Philby en los Estados Unidos. La CIA le dijo al MI6 que lo llevara de vuelta y lo despidiera; si no, no habría más trabajo conjunto para las oficinas de inteligencia británica y americana.

Philby renunció a su puesto, pero finalmente fue absuelto de cualquier cargo de espionaje en 1955. Después de un corto período en el periodismo, el MI6 lo contrató de nuevo como un contacto en el Medio Oriente. Sin embargo, en 1963, Philby supuestamente confesó su papel en la guerra a un amigo del servicio secreto y desapareció rápidamente en la Unión Soviética por miedo a ser arrestado.

En cuanto a Anthony Blunt, su tapadera fue descubierta en 1964 cuando un antiguo espía soviético que vivía en América lo delató. Durante el tiempo que pasaron juntos en la universidad, Blunt intentó sin éxito reclutar al mismo hombre, un tal Michael Whitney Strange. La acusación fue una gran vergüenza para Blunt, que había sido una presencia de confianza en nada menos que los palacios reales durante y después de la guerra. En su calidad de historiador de arte, Blunt fue nombrado Agrimensor de los Cuadros del Rey por el rey Jorge VI en 1945. Después de la muerte del rey en 1952, continuó como Agrimensor de Cuadros de la Reina para la reina Isabel II.

Blunt también fue voluntario en las bibliotecas reales. En el último año de la Segunda Guerra Mundial, se le encargó personalmente que llevara a Owen Morshead, el Bibliotecario Real, al palacio alemán Schloss Friedrichshof para recuperar cartas confidenciales escritas a la emperatriz Victoria, así como cartas entre el duque de Windsor y Adolf Hitler. La misión fue un éxito, y las cartas fueron depositadas en los archivos reales.

Debido a que Blunt—en realidad, Sir Anthony Blunt, a partir de 1956—había ocupado posiciones tan delicadas durante su carrera y tenía acceso a las casas reales, así como a las oficinas de la inteligencia británica, su confesión se mantuvo estrictamente en secreto. Tanto el palacio como el servicio secreto británico prometieron mantener su participación con los soviéticos en secreto durante 15 años. Ni siquiera el primer ministro Anthony Eden fue informado de las actividades de traición de Blunt. El mismo Blunt se mantuvo alejado del castigo acordando nombrar a sus compañeros conspiradores.

Entre esos nombres estaba el de John Cairncross. La reina Isabel II no hizo ninguna declaración formal sobre el tema de su antiguo empleado y le permitió conservar su título de caballero. Nunca estuvo claro si esto era una muestra de afecto por el hombre o simplemente una forma de no llamar la atención sobre la situación.

John Cairncross ya había ofrecido su propia confesión en 1952 sin haber investigado su culpabilidad. Su trabajo en el tesoro público británico fue rápidamente retirado, y sin perspectivas, Cairncross se trasladó a los Estados Unidos para convertirse en profesor universitario. Con su vida de espía a sus espaldas, demostró ser un brillante intelectual cuya pasión es la literatura francesa. Eventualmente, se mudó a Roma y tomó un trabajo con las Naciones Unidas traduciendo dentro del departamento de Alimentos y Agricultura. Su papel en la red de espionaje soviética no fue de conocimiento público hasta los años 70, cuando se convirtió en noticia de primera plana. Evitó el foco de atención viviendo en el extranjero, pero pasó el último año de su vida en Gran Bretaña una vez más, casado con una cantante de ópera americana. Murió de un derrame cerebral en 1995.

La participación de Anthony Blunt en la red de espionaje soviética fue anunciada públicamente en 1979 por la primera ministra Margaret Thatcher, en cuyo momento la reina Isabel II se vio obligada a quitarle el título de caballero que ella misma le había otorgado. Desanimado, Blunt escribió sus propias memorias cerca del final de su vida, pero estipuló que no se publicaran hasta el momento apropiado. En esas páginas, Blunt dice que llegó a creer que unirse a los soviéticos fue "el mayor error" de su vida. Al ser atrapado como espía, señaló: "Me di cuenta de que tomaría cualquier riesgo en este país en lugar de ir a Rusia". Fue el único miembro de la red de espías que no abandonó inmediatamente el Reino Unido después de ser descubierto, ya sea de forma permanente o temporal. Las memorias se hicieron públicas finalmente en 2009, 26 años después de la muerte de Anthony en 1983.

Donald Maclean se aclimató bastante bien a su nuevo hogar soviético. Aprendió ruso y encontró un empleo en la revista *International Affairs* (Asuntos Internacionales) después de un corto tiempo de enseñar inglés. Finalmente, a Maclean le ofrecieron un puesto en el Ministerio de Asuntos Exteriores Soviético y en el Instituto de Economía Mundial y Relaciones Internacionales. Considerado un activo increíble para la Unión Soviética, recibió la prestigiosa Orden de la Bandera Roja del Trabajo. Murió de neumonía en 1983, y sus cenizas fueron enviadas de vuelta a Inglaterra para ser enterradas en Penn, Buckinghamshire.

Kim Philby, aunque profesaba no echar nada de menos en el Reino Unido, excepto unos pocos amigos, la salsa Worcestershire de Lea & Perrins y la mostaza de Colman, nunca fue feliz en la Unión Soviética. Poco después de desertar, se deprimió y se volvió alcohólico. Su esposa, Rufina Pukhova, dijo: "Kim creía en una sociedad justa y dedicó toda su vida al comunismo. Y aquí fue golpeado por la desilusión, llevándolo a las lágrimas. Él dijo, '¿Por qué los ancianos viven tan mal aquí? Después de todo, ganaron la guerra'". Kim Philby murió en la URSS en 1988.

Capítulo 12 – Una adición sorpresa

La Unión Soviética se desmoronó en 1991, apenas unos años después de la muerte de la mayoría de los espías de los Cinco de Cambridge. Las historias de horror de la vida bajo Stalin y los fracasos de un estado que nunca practicó realmente el comunismo fueron reveladas al mundo, y nadie se sorprendió más que los miembros de las naciones que temían a la Unión Soviética desde el final de la Segunda Guerra Mundial. Los papeles de los espías soviéticos de Cambridge quedaron atrás hace mucho tiempo, y se creía que los secretos que les quedaban habían muerto con ellos. Lejos, sin embargo, escondido en los archivos de la Corporación Canadiense de Radiodifusión (CBC) había un rollo de película que tenía un poco más que decir sobre el asunto.

La película contenía una entrevista de 1959 entre Guy Burgess—considerado durante mucho tiempo el más misterioso y carismático de los Cinco de Cambridge—y un programa de noticias canadiense llamado *Close-Up*. Desconocida desde su fecha de emisión original, la película fue identificada recientemente por el archivista de la CBC Arthur Schwartzel en 2015. Dijo Schwartzel, "Pensé que los primeros en verla serían los británicos".

Rodada por Erik Durschmied, un cinematógrafo canadiense de origen austríaco de gran prestigio que también conoció y filmó a personalidades como Fidel Castro y Saddam Hussein, la película, que se perdió hace mucho tiempo, fue creada en Moscú, ocho años después de que Burgess desertara a la Unión Soviética.

La CBC invitó a Jo Bennett, historiador británico del Servicio de Inteligencia Británico, y a un grupo de investigadores, periodistas e incluso autores de espionaje a ver la película por primera vez desde que se había guardado y olvidado en el archivo. El periodista Robert Elf fue la única persona presente que conoció a Burgess en persona—de hecho, se encontraron en varias ocasiones. "Él solía aparecer en nuestras fiestas. De repente se encontraba a esta figura, con su brillante traje azul oscuro y su sucia corbata italiana, engullendo el whisky".

Mientras el pequeño grupo se reunía para ver la película perdida, el noticiero en blanco y negro cobró vida, y una voz canadiense, bastante anticuada, se superpuso a las imágenes de un Kremlin aburrido e incoloro.

"En Moscú la semana pasada, *Close-Up* conoció a Guy Burgess y lo entrevistó a la sombra del Kremlin". Después de mostrar una vieja foto de pasaporte del hombre en cuestión de 1951, el locutor continúa. "Toda una vida después, Burgess habla por primera vez con Occidente sobre su deserción".

Un momento más tarde, aparece el modesto rostro de un hombre de unos 40 años. Con un acento británico de clase alta casi irrisorio, Burgess le dice a la cámara, "Simplemente fui como un turista. Mi amigo y yo nos acercamos a los rusos y les dijimos: '¿Podemos entrar?'. Nos hicieron esperar en Praga durante algunas semanas"—y aquí Burgess pone los ojos en blanco con esa famosa forma extravagante que tenía—"y luego aceptaron".

El entrevistador preguntó entonces si era cierto que Burgess esperaba volver a Inglaterra a vivir.

"Quiero vivir en la Unión Soviética porque soy socialista y es un país socialista, y disfruto haciéndolo. Por otro lado, naturalmente, a todo el mundo le gusta más su propio país. Inmediatamente, preferiría volver a Inglaterra durante un mes para ver a mi familia. Pero nunca lo haré a menos que esté seguro de que puedo salir de Inglaterra y volver a Rusia".

Los británicos que veían la película estaban desconcertados porque la entrevista no fue recogida por la British Broadcasting Corporation (BBC), una compañía de televisión que a menudo trabajaba en estrecha colaboración con la CBC. "No teníamos ni idea de que quería volver a Inglaterra", comentó un espectador, señalando que, si Gran Bretaña se hubiera dado cuenta de la existencia de esta potencial moneda de cambio, Burgess podría haber sido persuadido para responder a las persistentes preguntas sobre su participación en el sabotaje de la Guerra Fría.

El autoritario presentador de *Close-Up* le dijo a su entrevistado: "Todo el mundo les considero a usted y a Maclean como traidores. ¿Qué tiene que decir a eso, Sr. Burgess?".

"No sirve de nada que diga que no soy un traidor; eso no significa nada. Por supuesto que no lo soy. Pero solo yo lo sé".

Ninguno de los infames cinco fue nunca procesado en Gran Bretaña o en el extranjero por sus papeles como espías soviéticos y agentes dobles dentro de la inteligencia británica. Philby y Burgess vivieron el resto de sus vidas en Moscú, aunque el primero se sintió decepcionado por los fallos del liderazgo soviético en relación con los ideales marxistas. Maclean parece haber sido el único miembro del grupo que realmente prosperó en la nación comunista por la que todos habían logrado tanto.

Muchos historiadores e investigadores creen hasta el día de hoy que había más de cinco agentes importantes trabajando para la Unión Soviética al tiempo que realizaban trabajos muy secretos para la inteligencia británica. Entre los que han sido considerados se encuentran sus compañeros de Cambridge Leo Long, Andrew Gow,

Wilfred Mann, Victor Rothschild, y otro conocido amigo de Burgess que estudió en Alemania, Guy Liddell. Todos estaban conectados con Burgess, Blunt, Maclean, Philby, o Cairncross ya sea durante la universidad o la guerra.

Los novelistas expertos en espionaje solo pueden seguir especulando.

Vea más libros escritos por Captivating History

Bibliografía

Cairncross-Gow, Gayle. *El Guardián,* "Secretos y espías". 15 de mayo de 2003. Obtenido de: https://www.theguardian.com/theguardian/2003/may/15/features11.g2.

CBC News: *El Nacional.* "Los Cinco Espías de Cambridge Entrevista a Guy Burgess desenterrada por la CBC". Obtenido de: https://www.youtube.com/watch?v=e36KMyp-GDE.

Chamberlain, Neville. 3 de septiembre de 1939. Discurso recuperado de: http://www.historyplace.com/speeches/chamberlain.htm.

Irvine, Chris. *El Telégrafo,* "Guy Burgess abusó de los gastos de la BBC". 18 de agosto de 2009. Obtenido de: https://www.telegraph.co.uk/culture/tvandradio/6047115/Guy-Burgess-abused-BBC-expenses.html.

Lownie, Andrew. *El inglés de Stalin: La vida de Guy Burgess.* Londres: Hodder y Stoughton. 2016.

Karl Marx y Fredrich Engels. *El Manifiesto Comunista.* 1848.

Milne, Tim. *Kim Philby: Una historia de amistad y traición.* 2014.

Discurso en la sala del Zum Deutschen Reich, (18 de diciembre de 1919), Thomas Weber, *Convirtiéndose en Hitler: La fabricación de un nazi*, Libros Básicos, 2017, p. 138. Informe policial de la reunión del DAP, SAM, DPM/6697

El Guardián. "El espía Kim Philby murió desilusionado con el comunismo". 31/03/2011.
https://www.theguardian.com/world/2011/mar/31/spy-kim-philby-disillusioned-communism.

www.ingramcontent.com/pod-product-compliance
Lightning Source LLC
LaVergne TN
LVHW042001060526
838200LV00041B/1818